Yo te veo

Mari Robles

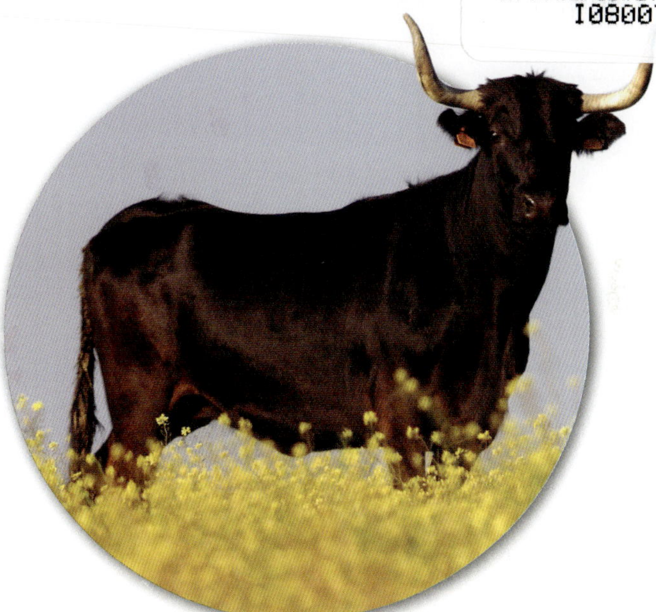

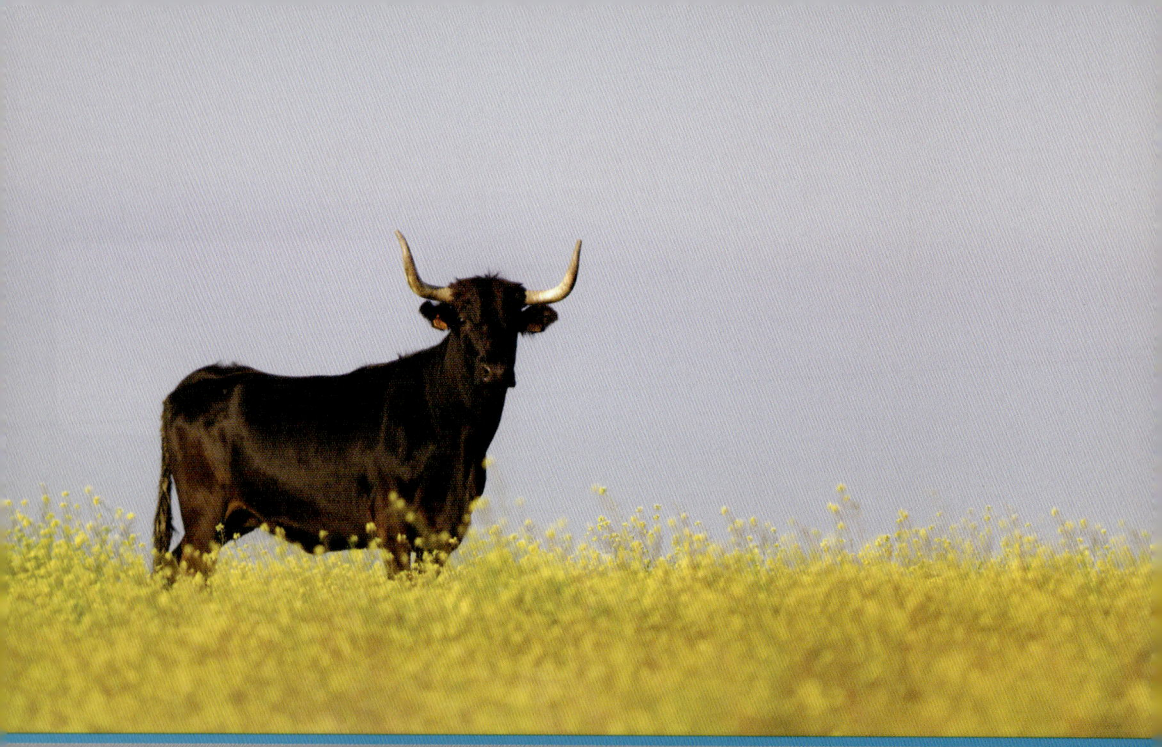

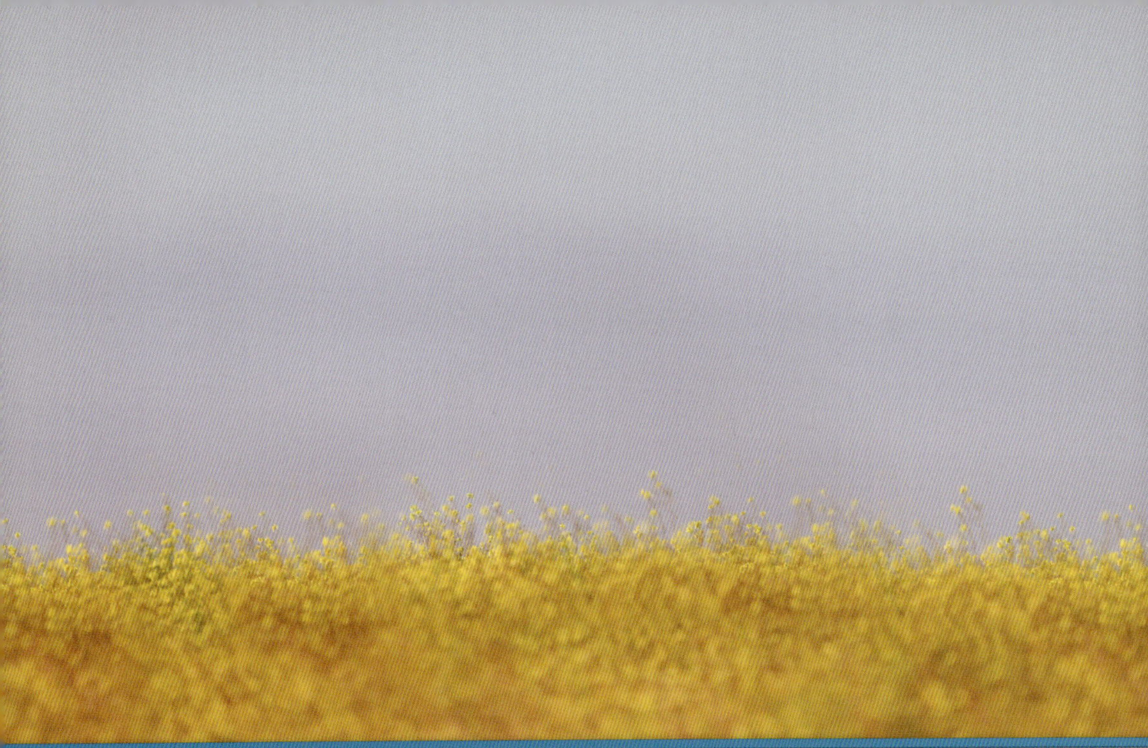

Yo veo el 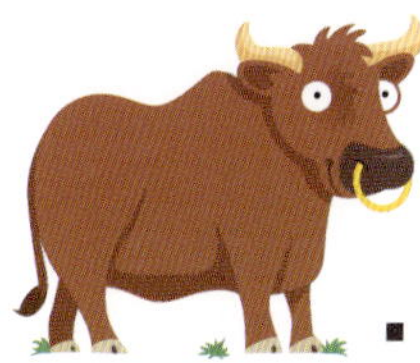 .

toro

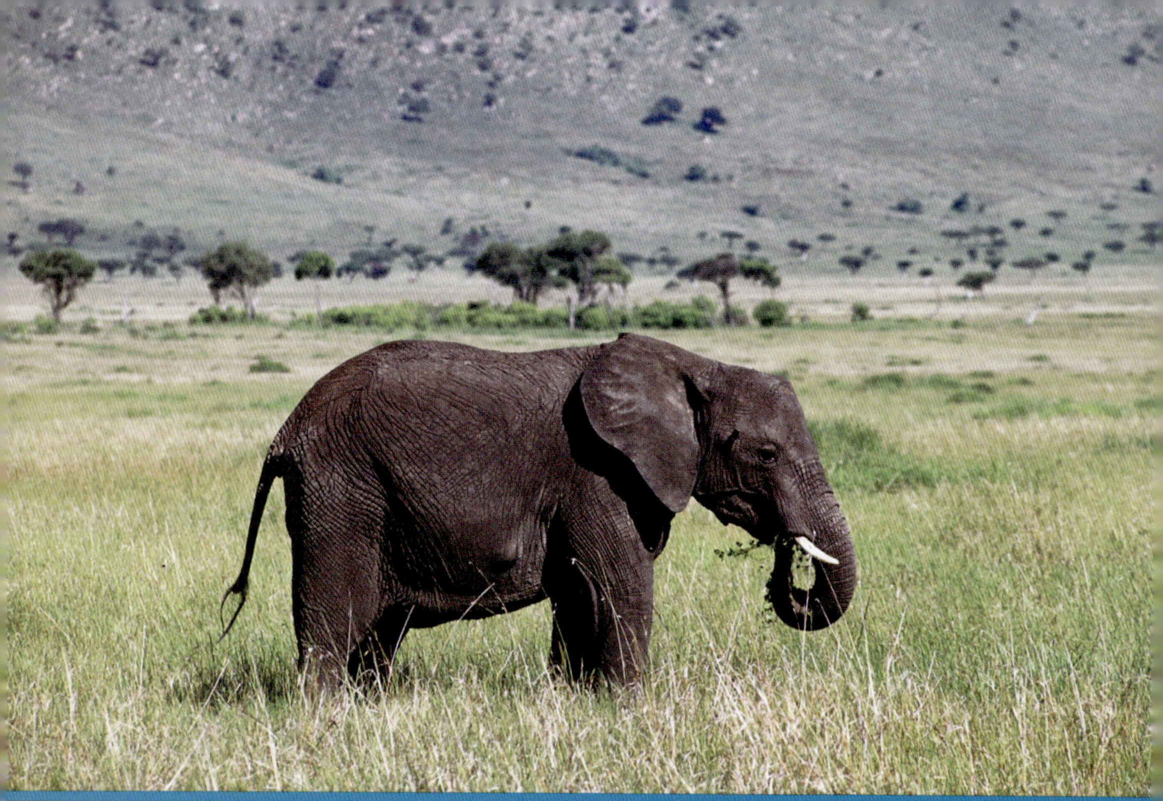

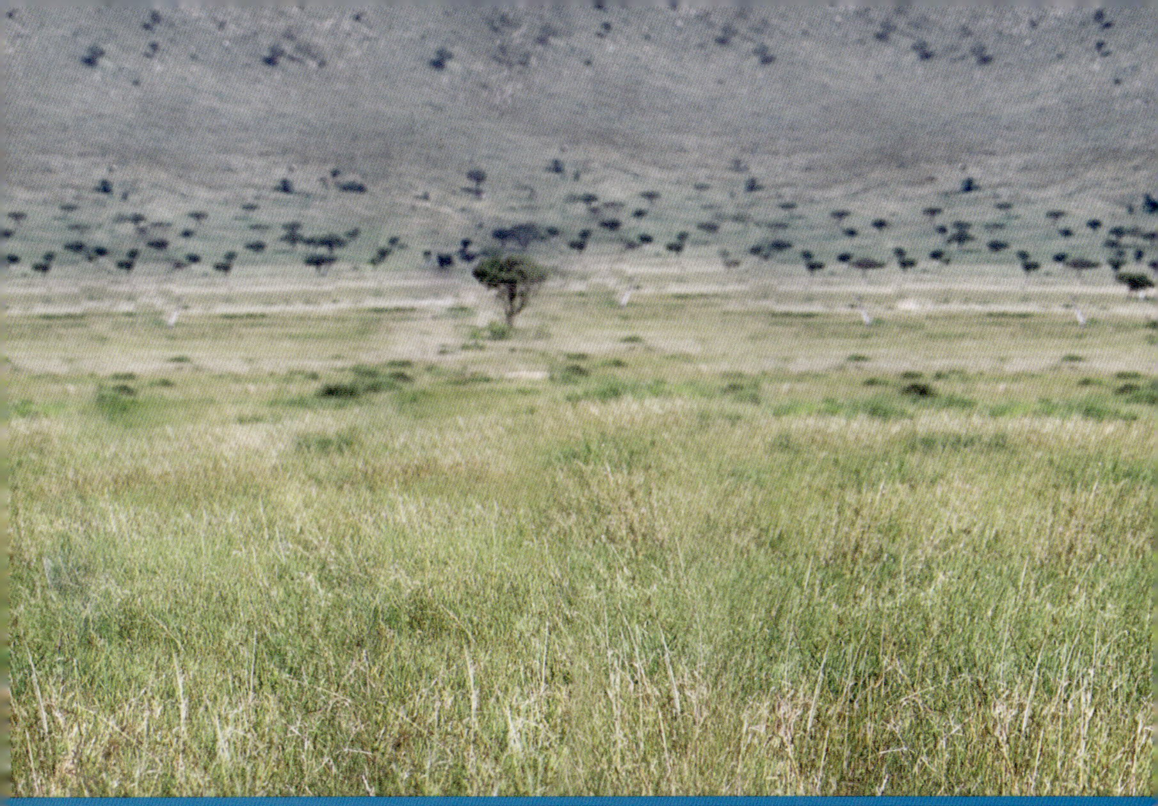

Yo veo el 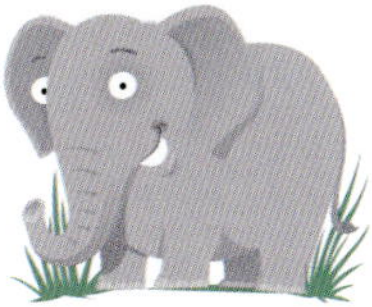 .

elefante

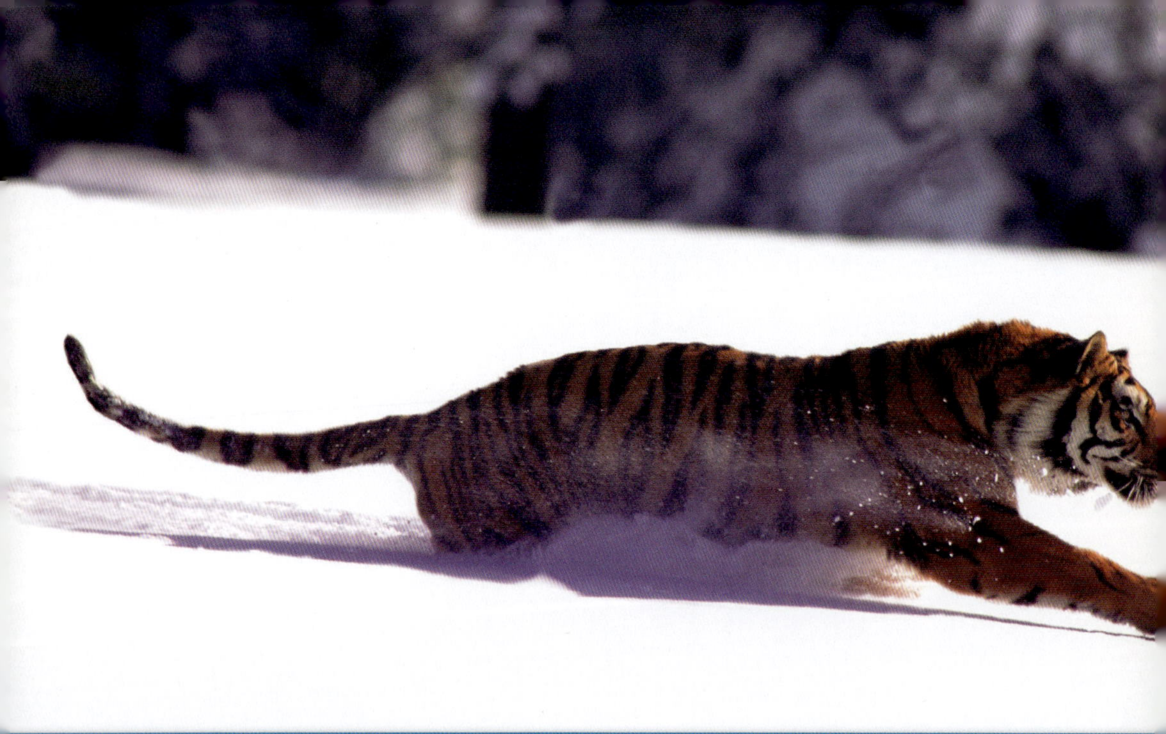

Yo veo el 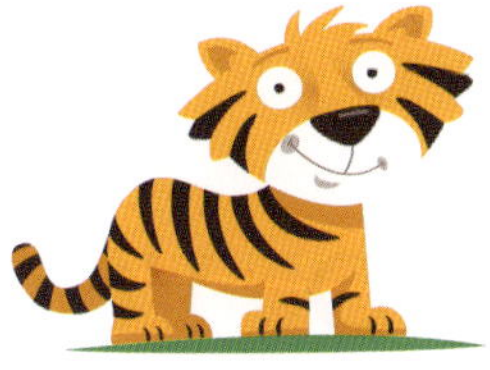 .

tigre

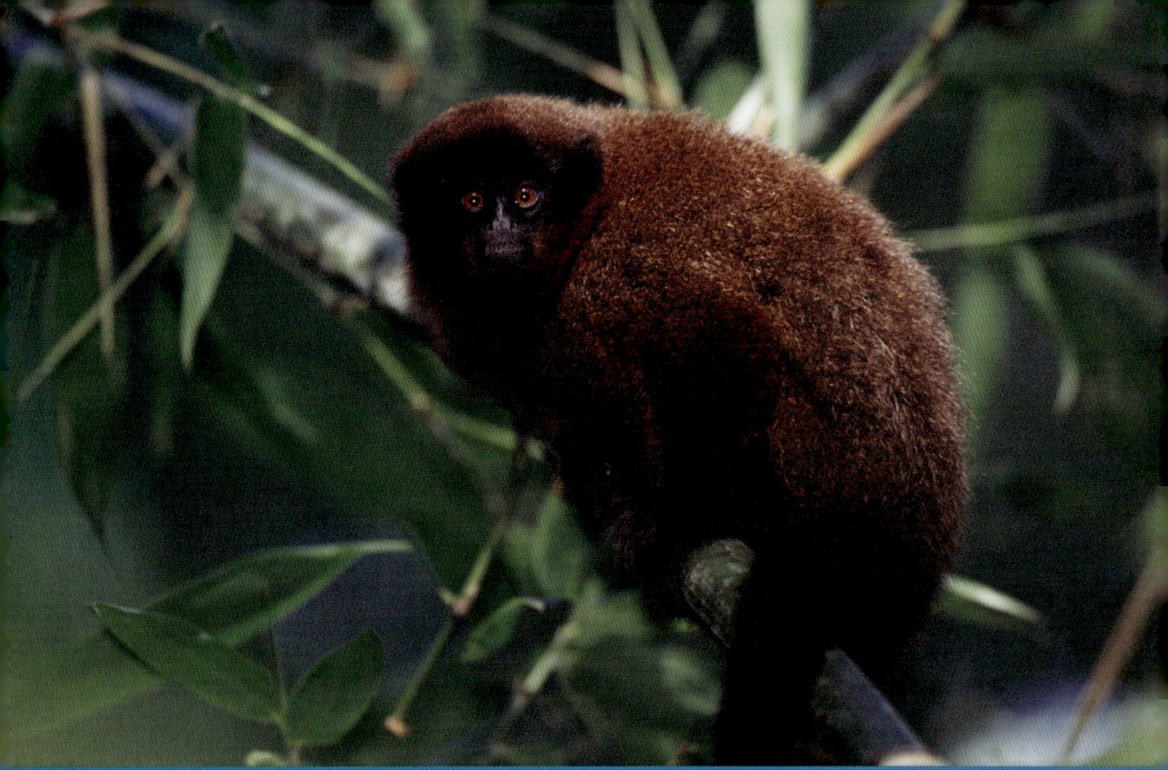

Yo veo el 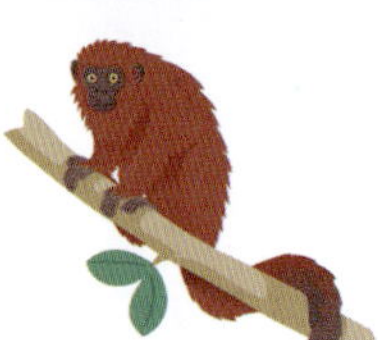 tití.

mono